Lk 349.

NOTICE

SUR

L'ANCIENNE

CATHÉDRALE D'APT

(VAUCLUSE)

PAR M. L'ABBÉ JOUVE

CHANOINE DE L'ÉGLISE DE VALENCE

(*Extrait de la* Revue de l'Art chrétien)

PARIS

LIBRAIRIE ARCHÉOLOGIQUE D'ALPHONSE PRINGUET

25, RUE BONAPARTE

1859

NOTICE

SUR L'ANCIENNE CATHÉDRALE D'APT

(VAUCLUSE).

Parmi les églises monumentales qui, dans le diocèse d'Avignon, se recommandent à l'attention des archéologues et des connaisseurs, il n'en est pas de plus remarquable, mais aussi de moins visitée, que l'ancienne cathédrale de la ville d'Apt, jadis évêché, aujourd'hui un des chefs-lieux d'arrondissement de Vaucluse. Sans doute, l'aspect de ce monument est loin d'inspirer l'admiration qu'excitent, à la première vue, les édifices dont l'unité de plan, de caractère, et l'harmonie d'ensemble révèlent spontanément la beauté; tout, au au contraire, dans celui qui va nous occuper, semble d'abord éloigner une telle impression. Néanmoins, si, faisant abstraction des bigarrures architecturales et décoratives que les siècles y ont tour-à-tour accumulées, on en étudie soigneusement les curieux détails, et si, avant tout, on se pénètre bien du caractère profondément hiératique du sanctuaire qui le complète avec tant de bonheur, on ne pourra se défendre de l'apprécier et, en somme, de l'admirer. Oui, j'aime singulièrement cet édifice, comme j'aime la ville intéressante et trop ignorée dont il est l'ornement. C'est parce que je l'aime, et que personne n'a encore songé à le décrire [1], que je lui consacre ce premier essai, avec le désir et l'espoir d'en faire plus tard une notice plus développée. Dans celle-ci, je l'étudierai au double point de vue de l'histoire et de l'archéologie.

I.

Une vénérable et immémoriale tradition approuvée de Rome et consignée dans les livres et fêtes liturgiques de l'ancien diocèse d'Apt,

---

(1) Ce n'est pas à dire qu'il n'ait été apprécié et décrit dans quelques-unes de ses parties, par un assez grand nombre d'écrivains dont je donne la liste à la fin de ce travail, et surtout par des écrivains de la contrée, parmi lesquels je me plais à citer, pour ne parler que des auteurs vivants, MM. l'abbé Rose et Jules Courtet. Je veux dire seulement qu'il n'existait pas jusqu'à ce jour, de notice proprement dite sur le monument aptésien.

porte qu'Auspice, personnage gallo-romain, évangélisa cette ville dont il fut le premier évêque et y obtint, avec plusieurs néophytes, la palme du martyre, sous l'empereur Trajan. Dans l'enceinte de la ville romaine et tout près de l'amphithéâtre, il avait établi, pour la célébration des saints mystères, un oratoire, sur l'emplacement duquel fut ensuite bâtie la première cathédrale sous l'invocation de Notre-Dame et de saint Castor, un de ses plus illustres successeurs (1). Cette basilique devait offrir une architecture en harmonie avec la splendeur monumentale de la cité gallo-romaine que les historiens contemporains nous représentent comme l'une des plus favorisées, sous ce rapport, du peuple roi. Mais cette splendeur disparut à tout jamais sous l'invasion sarrasine, et le temple cathédral de la cité ne présenta plus que des ruines dont il ne devait se relever qu'après la défaite des sectateurs de l'Alcoran, par l'épée de Charles Martel.

Dans quelles conditions architecturales eut lieu cette réédification? C'est un point sur lequel les chroniqueurs gardent un silence absolu. Il faut descendre jusqu'au xie siècle, vrai point de départ de la période historique de la cathédrale aptésienne, pour y trouver, sur la reconstruction de l'édifice, des documents certains. Mais, avant d'aborder cette époque, je ne puis me dispenser de relater la célèbre légende contemporaine de Charlemagne, qui joue un trop grand rôle dans les annales religieuses d'Apt, pour ne pas la rappeler ici. Je dis *légende*, car on ne saurait tirer aucune preuve concluante, à l'appui du fait qu'elle suppose, des divers historiens locaux qui l'ont racontée, d'ailleurs, avec de grands détails.

Il s'agit de la découverte des reliques de sainte Anne, aïeule du Sauveur, dans les circonstances que nous allons préciser. Selon Legrand (en son ouvrage intitulé : *Sépulcre de Madame sainte Anne*), un personnage provençal, nouvellement converti à la foi, après avoir parcouru la Palestine en pèlerin, aurait apporté à Marseille ces précieuses reliques qu'il confia ensuite à l'évêque Auspice. Celui-ci, craignant la profanation des persécuteurs, les aurait cachées dans une grotte où plus tard elles furent miraculeusement découvertes,

---

(1) D'abord abbé du monastère de Mananique, qu'il avait fondé à deux lieues d'Apt, saint Castor fut élu par le peuple évêque de cette ville où il mourut le 2 septembre, vers l'an 420. C'est à sa prière que le célèbre Cassien, évêque de Marseille, composa ses *Institutions monastiques* qu'il lui dédia. Il fut également honoré à Nîmes, comme patron de la cathédrale qui porte encore son nom. (*Vies des saints* par GODESCARD, au 21 septembre.)

D'autres indiquent une époque moins reculée, avec des particularités différentes; mais ces diverses relations ne varient que pour la forme [1]. Quoi qu'il en soit, voici ce que raconte la légende : Depuis longtemps le souvenir de sainte Anne était effacé, lorsque, vers l'an 776, durant le court séjour que Charlemagne aurait fait à Apt pour les fêtes de Pâques, et pendant qu'il assistait avec sa cour, dans la cathédrale, à la célébration de cette solennité, un enfant de douze ans, le jeune baron de Caseneuve, de la maison de Simiane, sourd et muet de naissance, divinement inspiré, fit signe de soulever les dalles du sanctuaire. A peine cet ordre fut-il exécuté qu'un escalier fut mis à jour et laissa voir la porte d'une chapelle souterraine où brillait une clarté mystérieuse. L'enfant s'y élance le premier et signale aux assistants l'endroit où gisaient ignorées depuis des siècles, les restes de la sainte. Aussitôt un cri de bonheur et de reconnaissance lui échappe; il recouvre l'ouïe et la parole [2].

Il manque à ce récit, pour être exact ou même vraisemblable, une preuve historique qu'aucun écrivain n'a pu encore produire, du passage de Charlemagne dans la ville d'Apt; tout ce qu'on a avancé jusqu'à ce jour à ce sujet, n'est que conjectures et suppositions gratuites. Néanmoins, en reproduisant cette légende, je n'ai eu nullement la pensée d'amoindrir en rien la tradition, d'ailleurs si fortement établie, sur l'authenticité des insignes reliques que l'église d'Apt se glorifie de posséder depuis les premiers siècles du christianisme; j'ai voulu seulement faire ressortir une remarquable coïncidence dans la co-existence du caveau où furent alors découvertes ces saintes reliques avec l'humble oratoire, premier sanctuaire de la cité, où la même tradition porte que l'évêque Auspice les avait religieusement déposées. Mais revenons à la réédification de notre cathédrale.

M. l'abbé Boze, rapporte, dans son *Histoire de l'Eglise d'Apt*, qu'en 986, l'évêque Theudéric fonda douze chanoines à perpétuité dans l'église Saint-Pierre, érigée depuis peu en cathédrale; ce qui indiquerait que l'ancienne, malgré les réparations qu'on aurait pu y faire, depuis sa ruine par les Sarrasins, aurait été encore insuffisante pour recevoir le chapitre nouvellement établi. Or, d'autres réparations ne tardèrent pas longtemps à avoir lieu : car l'abbé Boze, quelques pages plus bas, nous assure qu'Alphant, élu évêque en 1049, répara

---

[1] *Etudes historiques et religieuses sur le* XIVe *siècle* ou *Tableau de l'église d'Apt sous la cour papale d'Avignon*, par l'abbé Rose. Introduction, p. 47, 48.

[2] *Etudes historiques*, etc., par l'abbé Rose, p. 622, 623.

la grande nef de l'église cathédrale qui n'avait point été réparée (l'auteur a voulu dire sans doute *re'erée*) depuis que les Sarrasins l'avaient démolie pour la seconde fois, vers le milieu du ixe siècle. On dut alors, poursuit-il, poser les fondements du sanctuaire et bâtir la masse énorme du clocher qui le domine, ainsi que la chapelle (ou crypte) appuyée sur l'ancienne grotte de sainte Anne. On y remarque l'inscription suivante, dont les mots sont gravés séparément sur chacun des piliers qui en soutiennent la voûte : *Hanc criptam scam sac*. Il manque quelque chose à cette inscription; on suppose que c'est le mot *Alphantus* [1].

Vers la fin du xie siècle, l'église Saint-Sauveur fut agrégée au chapitre formé par Theudéric, et l'on mit en commun les biens des chanoines et ceux de saint Castor [2].

Nous voici donc maintenant en pleine période historique, et, dès-lors, nous pouvons suivre d'un pas rapide mais assuré les vicissitudes du monument.

Les grands travaux de restauration, ou plutôt de réédification, exécutés par Alphant consistaient en deux nefs romanes égales, quoique inégalement terminées [3], construites sur la crypte que le même évêque avait pratiquée au-dessus de la grotte de sainte Anne, et dont nous donnerons plus bas la description. L'édifice conserva cette disposition assez singulière jusqu'au commencement du xive siècle. Ce fut alors qu'Hugues de Bot, élu évêque en 1313, ajouta la nef septentrionale aux deux autres [4]. Elle était ogivale, selon le système de l'époque, et éclairée par des vitraux coloriés que l'on boucha plus tard, pour y faire des chapelles. « Là était, dit M. l'abbé Rose, la sépulture des prélats de la noble maison que nous venons de nommer. On y voyait leurs mausolées en marbre ou en pierre fine, adossés contre le mur, avec les statues couchées de ces pontifes, dans l'état de placidité où la mort les avait mis. L'idée malheureuse d'ouvrir des

---

(1) *Etudes historiques*, pages 107, 109.

(2) Page 118.

(3) En effet, celle de gauche, qui occupe aujourd'hui le milieu, se terminait alors par un chœur s'élevant en guise de tribune dans la partie antérieure du vaisseau en face de l'abside, qui paraît elle-même avoir été droite; elle était percée d'une longue fenêtre ogivale qui descendait depuis la voûte jusqu'à proximité du pavé. Plus tard, sous Urbain V, on y fixa le beau vitrail dont on conserve encore quelques précieux restes. (*Etudes historiques*, par l'abbé ROSE, p. 104, 105.)

(4) *Histoire de l'Église d'Apt*, par l'abbé BOZE, p. 167.

chapelles a fait disparaître ces objets d'art [1]. Ce fut à la même époque, que les reliques de sainte Anne furent transférées de la grotte où elles avaient été primitivement déposées, comme nous l'avons vu plus haut, à l'extrémité de la même nef.

Notre cathédrale, ainsi augmentée d'une nouvelle nef, demeura plus de deux cents ans sans être sensiblement modifiée dans son ordonnance générale, ni même dans quelques-unes de ses parties. Ce ne fut que vers le milieu du xvie siècle, qu'à l'issue d'un jubilé de cinq ans, obtenu en 1534 par César Trivulce, évêque d'Apt [2], pour tous les fidèles qui visiteraient les reliques de sainte Anne, on employa une partie de leurs dons, qui avaient été abondants, à faire remplir les arcs de la grande nef de l'église cathédrale, trop faibles pour soutenir la voûte qui menaçait ruine. On fit encore à cette époque le frontispice de la grande porte et de nouvelles orgues plus belles et plus considérables que les anciennes [3].

Le 27 mars 1660, époque mémorable dans les annales de cette basilique, Anne d'Autriche se rendit à Apt pour y honorer sa patronne et la remercier d'avoir mis fin à sa stérilité. Reçue dans la cathédrale par Modeste Villeneuve des Arcs, à la tête de son chapitre, elle fit présent à sainte Anne d'une statue en or massif qui la représentait, d'environ six pouces de hauteur; d'une aigle du même métal, à peu près de la même grandeur, enrichie d'émeraudes, et d'une couronne ornée de pierres précieuses. Outre ces dons, elle établit à perpétuité une fondation annuelle de six messes, promit une somme de huit mille livres pour achever la grande statue de la sainte, à laquelle on travaillait depuis longtemps [4].

Par son ordre, et avec le concours de l'évêque, qui fournit des sommes considérables pour cette dépense, s'éleva, sur les dessins du célèbre architecte Mansart, la royale chapelle avec sa gracieuse coupole, semblable à celle du Val-de-Grâce à Paris. Le 26 juillet 1664, c'est-à-dire quatre ans après le pèlerinage d'Anne d'Autriche, Modeste de Villeneuve consacra l'édifice, et le 28 du même mois, il y transféra les reliques de la sainte, de la chapelle où elles avaient été déposées vers 1313, avec celles des saints Auspice, Castor et Martian [5].

---

(1) *Études historiques*, p. 106, 107.
(2) Et le premier dont la nomination ait eu lieu par François Ier, en vertu du nouveau concordat.
(3) *Histoire de la Ville d'Apt*, par l'abbé Boze, p. 288.
(4) Ibid., p. 307.
(5) Ibid., p. 308.

Le vandalisme révolutionnaire avait dépouillé ce vénérable sanctuaire de ses magnifiques ornements, dont nous n'avons pu énumérer qu'une partie; heureusement, en 1842, il a été restauré par les soins de M. le comte de Marignan, alors sous-préfet d'Apt, tel que nous le voyons aujourd'hui [1]. Mais reprenons l'histoire de la cathédrale proprement dite.

Vers 1721, le chapitre et le corps de ville firent réparer, sous l'épiscopat de monseigneur de Foresta, la grande nef; et la voûte, qui menaçait ruine, fut considérablement exhaussée; les fenêtres qui l'éclairent maintenant, remplacèrent les anciennes dont elles ne recevaient qu'un jour sombre et insuffisant. En même temps, l'orgue et le chœur, placés dans le corps de l'église, furent transportés, par les soins du même prélat, l'un dans le sanctuaire, et l'autre derrière le maître-autel [2]. Depuis lors, aucune nouvelle modification architecturale de quelque importance [3] n'a été apportée au monument dont nous venons de tracer l'esquisse historique. Nous allons donc maintenant le décrire fidèlement, tel que nous l'ont laissé les nombreuses reprises et juxta-positions qui l'ont si profondément altéré.

II.

Commençons par l'extérieur. Le grand portail, dont la hauteur est la même que celle de la nef majeure à laquelle il correspond [4], offre, comme tant d'autres imitations maladroites du style antique, un type assez lourd d'architecture grecque dégénérée, qui contraste désagréablement avec le style roman-ogival de l'intérieur. Quant aux autres parties extérieures de l'édifice, elles sont à peu près masquées

---

[1] Durant le moyen-âge, et surtout pendant le séjour des papes à Avignon, les reliques de la sainte furent l'objet d'un pèlerinage si célèbre, qu'il donna son nom à la ville, qu'on appelait plus que *Sainte-Anne d'Apt*, comme on dit encore de nos jours *Sainte-Anne d'Auray* (en Bretagne). Il ne sera pas inutile de rappeler à ce propos, que les reliques que l'on vénère dans cette dernière ville, comme celles de Saint-Germain-des-Prés et de la Visitation à Paris, sont un don de la reine Anne d'Autriche qui, en mourant, légua à ces églises la portion des reliques de sainte Anne qu'elle avait obtenues de la ville d'Apt.

[2] *Histoire de la ville d'Apt*, p. 342, 343.

[3] Si l'on en excepte la vaste sacristie, construite en 1787 par le chapitre pour les douze chanoines dont il se composait et pareil nombre de bénéficiers qui y étaient attachés. Toutefois, cette sacristie, n'ayant aucun caractère spécial d'architecture, est plutôt une grande et belle salle qu'un monument proprement dit.

[4] Cette hauteur doit être au moins de 60 pieds, et la longueur de l'édifice, dans œuvre, de 165 pieds environ. N'ayant pu me procurer les mesures exactes du monument qui, je crois, n'existent pas, je ne les donne que d'une manière approximative.

par les constructions qu'on a successivement élevées tout autour. Néanmoins, vu à distance, il est d'un aspect vraiment pittoresque et imposant, à cause de son énorme clocher pyramidal (1056), de la tour de l'horloge (1570), et de la belle coupole de Sainte-Anne (1664), qui le dominent et forment un groupe monumental auquel ne manquent ni le grandiose, ni l'harmonie. Ce groupe qui, malgré la divergence architecturale des trois appendices dont il se compose, ou peut-être même à raison de cette divergence, donne un cachet tout particulier à la physionomie générale de la ville d'Apt, rappelle, quoique de loin, celui des cinq clochers pyramidaux qui, en Belgique, couronnent la magnifique cathédrale ogivo-romane de Tournai, ou plutôt celui du dôme, du campanile et du baptistère que Florence étale si majestueusement sur les bords de l'Arno.

Si, par le grand portail, nous pénétrons dans la vieille basilique, nous recevrons d'abord une impression pénible de tant de bigarrures architecturales qui s'y sont donné, comme à l'envi, rendez-vous. Mais nous éprouverons aussi un sentiment profond de recueillement, à la vue du sanctuaire et du chœur, remarquables par leur élévation au-dessus du niveau général de l'édifice, et dont le grand arc triomphal, lui-même si hiératique, avec le vaste sujet de peinture en médaillon dont il est surmonté, augmente encore le caractère noble et mystérieux.

Nous allons maintenant parcourir rapidement les trois nefs, aujourd'hui encore inégales, de l'édifice, dans l'ordre de leur établissement. Celle de droite, actuellement la plus ancienne, remonte très-probablement à l'évêque Alphant qui, en 1056, ainsi que nous l'avons vu plus haut, fit rebâtir l'église à deux nefs, dont celle qui nous occupe, est seule restée intacte jusqu'à ce jour. Elle porte évidemment le cachet de l'époque de sa construction, dans sa voûte cintrée à arêtes simples; dans les fragments encore visibles de sa corniche sculptée, et dans ses piliers massifs, dépourvus de colonnes engagées. On l'appelle la nef du *Corpus Domini*, parce que c'est dans sa gracieuse chapelle absidale que l'on conserve la réserve eucharistique, selon l'antique usage des cathédrales, où cette réserve avait toujours sa place ailleurs qu'au maître-autel [1].

La nef latérale de gauche, construite vers 1515 par l'évêque Hugues de Bot, à une plus grande hauteur que la correspondante dont

---

[1] Voir la curieuse et savante *Dissertation sur les ciboires*, publiée, en dix articles, par M. l'abbé J. CORBLET, dans le tome II° de la *Revue de l'Art chrétien*.

nous venons de donner la description, offre le type de l'architecture ogivale, tel qu'il existait alors dans le midi [1]; on l'y reconnaît aisément à l'arc aigu, aux arêtes à nervures de la voûte, en un mot à la légèreté et à la délicatesse de son ensemble gracieux. A son extrémité on voit, à droite, le bel autel dit de sainte Anne, parce que ce fut là que, vers le même temps, on déposa le corps de la sainte, lorsqu'on l'eut retiré de sa châsse primitive, ainsi que nous l'avons déjà rapporté. Cet autel est remarquable par son beau rétable historié, en bois doré, orné de charmants médaillons avec des peintures sur bois. A gauche, cette nef donne accès dans deux jolies chapelles richement décorées dans le goût Louis XV, ce qui ajoute une bigarrure de plus à tant d'autres que présente le monument.

La grande nef actuelle est la même que, vers 1721, le chapitre et le corps de ville élevèrent à la place de celle qu'Alphant avait édifiée en 1056, en même temps que la crypte et la nef dite du *Corpus Domini*. Malheureusement tout, dans cette importante reprise (excepté le nouveau chœur dont nous parlerons bientôt), accuse le mauvais goût de l'époque, et fait vivement regretter la voûte, les fenêtres et les arcades romanes de l'antique nef. On ne peut guère mieux comparer ce déplorable remaniement, qu'à celui qu'eut à subir presque en même temps la métropole de Saint-Trophime d'Arles. En effet, dans cette illustre basilique, comme dans celle d'Apt, l'antique grande nef romane, dès-lors complètement défigurée, n'offre plus aux regards attristés qu'un système bâtard de voûtes sans caractère, de fenêtres vulgaires comme celles des hôtels privés, de piliers massifs ressemblant à des forteresses, de surfaces monotones sans moulures ni ornements, rien en un mot, qui révélât une idée quelconque d'art ou de style architectural [2].

Le sanctuaire, devenu fort étroit, par suite de la suppression de son abside lorsqu'on construisit le nouveau chœur, est majestueuse-

---

[1] Il n'est pas d'archéologue instruit qui ne sache que, dans le midi de la France, où le style ogival n'a jamais pu prendre racine, ce style est généralement en retard de plus de 50 ans sur le Nord. Ainsi, la nef latérale dont il s'agit, avec les vitraux dont elle était éclairée, dans le principe, et qu'il est facile de se représenter, offre évidemment le type ogival, tel qu'il était déjà parvenu à sa maturité, en 1250, dans les provinces du nord.

[2] Cette fâcheuse disposition va bientôt, grâce à l'heureuse initiative du Conseil de fabrique, être avantageusement modifiée dans quelques-unes de ses parties, autant que le permettront les ressources dont le Conseil pourra disposer. Nous voulons parler ici de l'église d'Apt.

ment couronné par le dôme roman ovoïde, à quatre pendentifs avec les attributs des évangélistes sculptés, qui supporte lui-même la lourde masse du clocher.

Au-dessous du sanctuaire et d'une partie de la grande nef et de sa collatérale, le *Corpus Domini*, existe, à plusieurs mètres de profondeur, la belle crypte en forme de chœur avec ses bas-côtés, qui fut construite par l'évêque Alphant, en même temps que la basilique romane à deux nefs. Elle est remarquable autant par la grâce et l'harmonie de ses formes que par la solidité et la régularité de sa construction. Au centre de son abside, on voit l'autel sur lequel, d'après une immémoriale tradition, saint Auspice, premier évêque d'Apt, a célébré les saints mystères. C'est une large dalle surmontant un bloc antique qui porte une inscription païenne relative au monument élevé par la Curie d'Apt au flamine Titus Camullius. A l'entrée de la même crypte on aperçoit un cippe avec une inscription au Quartumvir C. Allius [1].

« Le mur circulaire des bas-côtés de la crypte, dit M. J. Courtet, se divise en sept niches, formées par autant d'arcades engagées. Celle du milieu correspond à une espèce de soupirail fermé; les six autres renferment tout autant de petits coffres en pierre, dont la couverture a une double pente. Leur unique décoration consiste en deux petits arcs à plein cintre inscrits dans une ogive. Leur forme exiguë prouve qu'ils n'étaient destinés qu'à recevoir des reliques. Du reste, ils sont bien postérieurs à la crypte. — Au-dessous de celle-ci on descend dans une seconde, ou plutôt dans un étroit couloir de 1 mètre 10 de hauteur sur 1 mètre de largeur, seuls débris peut-être de l'église primitive. Une ouverture carrée, fermée par une grille à petites mailles, dévorée par la rouille, indique le tombeau de sainte Anne, ou plutôt l'endroit où furent conservées ses reliques, avant qu'elles ne fussent placées dans une des chapelles de l'église. Le plafond de ce corridor enfumé est formé par les larges dalles qui servent de pavé à la crypte supérieure. Il est facile de voir qu'elles proviennent de quelque monument romain [2]. »

---

[1] Dans son *Dictionnaire des communes du département de Vaucluse*, M. Jules Courtet a publié ces deux inscriptions. On peut voir la première, avec un dessin fort bien gravé de la pierre qui la porte, dans le tome III, p. 89, du *Voyage dans le Midi de la France*, Paris, 1811, par l'antiquaire Millin, qui en avait donné également la traduction.

[2] *Dictionnaire géographique, historique, archéologique et biographique du département de Vaucluse*, p. 11 et 12.

A la grande nef et au sanctuaire, ainsi remaniés en 1721, fut ajouté le beau chœur polygonal que nous admirons encore, avec ses deux rangs de stalles et les tableaux qui en couvrent symétriquement les parois. Ces tableaux, ainsi que les six autres moins grands, mais également symétriques entre eux, qui ornent la nef du milieu, de même que celui qui est au-dessus de la porte d'entrée, sont dus au pinceau d'un peintre aptésien, Christophe Delpech, décédé à Apt, le 3 septembre 1772 [1]. Ils sont remarquables par la fraîcheur du coloris, le jet des draperies, le naturel des poses, la grâce et la variété d'expression dans les personnages et l'harmonie générale de la composition. Il en est d'autres, dans la même église qui, à des titres divers, méritent l'attention des connaisseurs. Nous citerons, par exemple, le curieux tableau sur fond or, de l'école byzantine, représentant saint Jean-Baptiste, revêtu du grand manteau de l'Ordre de Saint-Jean de Jérusalem.

L'église d'Apt possède encore, parmi ses raretés, une châsse émaillée du xie siècle et un autel primitif, dont on fit plus tard un autel-tombeau, par l'addition de parois latérales. C'est le plus considérable des quatre que l'on rencontre dans le département, et en France il n'y a peut-être que le diocèse d'Avignon qui puisse se glorifier de ces tables eucharistiques des premiers siècles [2].

Quant à la vaste et riche chapelle de sainte Anne, qu'on aperçoit à gauche, en entrant dans l'église par la petite nef d'Hugues de Bot [3], et dont nous venons de relater l'origine et la construction, je me contenterai de signaler son ancien maître-autel en marbre lamellaire des Pyrénées, qui se trouve maintenant dans un angle de la chapelle en face du tombeau de la famille de Chabran, patronne et bienfaitrice du monument; les quatre bons tableaux placés sous les

---

(1) Ne pas confondre ce peintre avec un autre Delpech, imprimeur lithographe, mort à Chaillot, lieu de sa naissance, en 1825, auteur de l'*Iconographie des contemporains* (ouvrage, dit un de ses biographes, qui lui fait le plus grand honneur), et de l'*Examen raisonné des ouvrages de peinture, de sculpture et de gravure, exposés au salon de* 1814.

(2) *Dictionnaire des communes du département de Vaucluse*, p. 12 et 13. Nous ne saurions omettre ici le beau sarcophage antique, chrétien, découvert en 1856, derrière la sacristie, par M. l'abbé André, et maintenant bien convenablement placé dans l'église, après avoir été fidèlement rétabli dans sa forme primitive par M. l'architecte Sollier, auteur aussi de la restauration intelligente des bons tableaux de Delpech, qui ornent l'intérieur du monument.

(3) Cette disposition rappelle celle de la magnifique chapelle Corsini, annexée à Saint-Jean-de-Latran, à Rome, et qu'on aperçoit également à gauche, en entrant dans l'archi-basilique, mère et maîtresse de toutes les églises du monde chrétien.

quatre pendentifs de la noble et gracieuse coupole, et surtout le bréviaire de la dame de Signe [1], ainsi que les reliquaires en forme de bustes ou de bras en bois doré, où reposent encore les sacrés ossements de sainte Anne, des saints Auspice et Castor, de saint Martian, des époux saint Elzéar et sainte Delphine, tous patrons de l'antique et religieuse cité.

Telle fut à son origine, et telle est aujourd'hui, après toutes les vicissitudes que nous venons de raconter, l'ancienne église cathédrale, maintenant paroissiale de la ville d'Apt. Puissent ces lignes que je lui ai consacrées, aider à la faire mieux connaître et mieux apprécier.

III.

Voici en suivant, (au moins autant que cela se pourra) l'ordre chronologique, l'indication des auteurs qui, à notre connaissance, se sont occupés directement ou indirectement de l'ancienne cathédrale d'Apt.

1° *Chronique capitulaire*, postérieure au XIII° siècle, dont il existe seulement quelques lambeaux dans les manuscrits de M. l'abbé Vespier, chanoine d'Apt, mort à la fin du siècle dernier. — *Sépulcre de madame sainte Anne, etc,* par M. Pierre Legrand, champenois et procureur du roi, à Apt; in-8°, Aix, 1605. — *Martyrologium gallicanum,* par André de Saussay, évêque de Toul; 2 vol. in-f°, Paris, 1638. — *Vie de saint Castor, évêque d'Apt,* traduite d'un manuscrit latin du VIII° siècle, par Raymond de Bot, évêque de la même ville, et Critique de cette vie, par M. de Saint-Quentin; Apt, 1682. — *La mission de saint Auspice,* premier évêque d'Apt, avec un abrégé chronologique d'une grande partie des évêques qui lui ont succédé, par Pierre de Marmet de Valcroissant, chanoine de la métropole d'Aix; 1 vol. in-12, Paris, 1685. — *Chronologie des évêques d'Apt,* par MM. de Grossi, prieur de Lioux, et Prouvensal, bénéficier prébendé (manuscrit), vers 1687. — *Gallia christiana* (province ecclésiastique d'Aix), 1715. — *Recueil historique, etc., des archevêchés, évêchés, abbayes, et prieurés de*

---

(1) Parmi les raretés de l'église d'Apt, nous ne mentionnerons point, et pour cause, l'Antiphonaire manuscrit avec Neumes, autour duquel il s'est fait trop de bruit dans ces derniers temps. Ces manuscrits, offrant un système de notation qui fut d'un usage universel durant la plus grande partie du moyen-âge, ne sont pas rares dans les bibliothèques des grandes villes du midi; dans celles du nord ils sont en nombre prodigieux, et je puis affirmer que, dans cette région de la France, il m'en est passé plus de cinquante sortes entre les mains.

France, par Dom Baunier, religieux bénédictin ; 2 vol. in-4°, (1er vol. p. 8) 1726.—*Dictionnaire géographique des Gaules et de la France*, par Expilly, 6 vol. 1762-70.—*Histoire de la vie et des ouvrages de saint Castor*, par Dom Antoine Rivet, religieux bénédictin, dans son *Histoire littéraire de France* (t. II, p. 140), Paris, 1775.—*Histoire de la ville d'Apt*, par M. de Remerville, 2 in-fol. manuscrits, vers 1720.—Manuscrits de l'abbé Giffon, secrétaire du dernier évêque d'Apt, fin du XVIIIe siècle. — *Histoire de l'église d'Apt*, par M. l'abbé Boze; 1 vol. in-8°, Apt, 1820. — *Voyage dans le Midi de la France*, par Millin, membre de l'Institut; 4 vol. grand in-8°, Paris, 1811 (IIe vol., p. 89). — *Notes d'un voyage dans le Midi de la France*, par M. Prosper Mérimée, inspecteur des monuments historiques; 1 vol. in-8°, Paris, 1835. — *Dictionnaire historique, biographique et bibliographique du département de Vaucluse, etc.*, par C. J. H. Barjavel, d. m.; 2 vol. in-8°, Carpentras, 1841. — *Etudes historiques et religieuses sur le XIVe siècle ou Tableau de l'église d'Apt sous la cour papale d'Avignon*, par l'abbé Rose, curé de Lapalud, chanoine honoraire, etc.; 1 vol. in-8° de 657 pages, Avignon, 1842. — *Dictionnaire d'archéologie sacrée, etc.*, par M. J. J. Bourassé, chanoine titulaire de la métropole de Tours, etc.; 2 vol. in-4°, Paris, Migne, 1851.— *Guide classique du voyageur en France et en Belgique*, par Richard; 1 vol. in-12, Paris, 1854. — *Congrès archéologique de France*, compte-rendu de la XXIe session (1856), 1 vol. in-8°, Paris, 1856. — *Dictionnaire des communes de Vaucluse*, par M. Jules Courtet, ancien sous-préfet, chevalier de la Légion d'Honneur, etc.; 1 vol. grand in-8°, Avignon, 1857. — *Note sur un sarcophage découvert à Apt* (Vaucluse), par M. l'abbé J. F. André, dans la REVUE DE L'ART CHRÉTIEN, 1858; t. II, p. 560. — Enfin, dans le *Mercure aptésien*, journal de la localité, qui compte vingt ans d'existence, il a paru successivement une foule de notes, de chroniques et d'articles, dont l'ensemble présente un grand intérêt, sur l'ancienne cathédrale et son annexe la chapelle royale de sainte Anne de la ville d'Apt.

L'ABBÉ JOUVE.
Chanoine de l'église de Valence.

Amiens. Typ. de Caron et Lambert.

REVUE
DE
L'ART CHRÉTIEN

RECUEIL MENSUEL D'ARCHÉOLOGIE RELIGIEUSE

DIRIGÉ PAR

M. L'ABBÉ J. CORBLET

DE LA SOCIÉTÉ IMPÉRIALE DES ANTIQUAIRES DE FRANCE.

La REVUE DE L'ART CHRÉTIEN, fondée sous le patronage de vingt et un prélats de la France et de l'étranger, est entrée dans sa troisième année d'existence. Les deux premiers volumes contiennent 2 grav. sur cuivre, 9 chromolithographies, 4 lithographies, 8 grandes gravures sur bois, tirées hors texte, et 250 vignettes insérées dans le texte. Les articles sont signés de M. l'abbé Jules Corblet, directeur de la REVUE, de Mgr. Mabile, évêque de Versailles, de MM. le baron d'Agos, l'abbé André, M. Ardant, l'abbé Auber, L. de Baecker, l'abbé Balthasar, l'abbé Barbier de Montault, l'abbé Barrère, An. et Ed. de Barthélemy, Ch. Bazin, A. Blanchot, R. Bordeaux, E. Breton, A. Breuil, l'abbé Canéto, J. Carnaudet, le marquis de Chennevières, l'abbé Cochet, T. Dassy, Deschamps de Pas, Léo Drouyn, H. Dusevel, l'abbé Garciso, Godard-Faultrier, l'abbé L. Godard, Ch. Gomart, A. Goze, E. Grésy, Grimouard de Saint-Laurent, L.-J. Guénebault, A. Janvier, l'abbé Jouve, Edm. Le Blant, Ch. de Linas, l'abbé Mathieu, Mathon, Th. Mayery, le comte de Mellet, l'abbé V. Pelletier, l'abbé Poquet, F. Renon, l'abbé Ricard, Ch. Salmon, G.-B. Schayes, Petrus Schmidt, le vicomte de Saint-Andéol, Tailliar, P. Tarbé, Em. Thibaud, l'abbé Van Drival, l'abbé Vinas, M. Vion, etc.

Extraits des compte-rendus des Journaux sur la Revue de l'Art chrétien.

« La *Gazette de France* a déjà eu occasion de signaler à ses lecteurs une importante publication, qui a pour titre: *Revue de l'Art chrétien*, et c'est avec une sincère conviction que nous recommandons de nouveau de ne pas la confondre avec ces innombrables recueils que la même année voit souvent éclore et disparaître. La *Revue de l'Art chrétien* a conquis dignement sa place au soleil de la publicité, comme l'un des organes les plus utiles et les plus remarquables de l'enseignement chrétien.

» Pendant les deux premières années de son existence, elle a publié deux beaux volumes, accompagnés de 250 gravures explicatives d'articles variés sur toutes les branches de l'art chrétien et de l'archéologie religieuse, sans prédilection de style ou d'époque, cherchant le beau et le bien partout où il peut se trouver, sans sortir des traditions chrétiennes. Mais c'est surtout dans les préceptes pratiques d'iconographie, de construction et d'ornementation liturgique que cette Revue est appelée à rendre de véritables services au clergé et partout où elle pénètrera, grâce à son bon marché (12 fr. par an).

» Accueillie, dès son début, par les adhésions sympathiques de plusieurs Prélats, la *Revue de l'Art chrétien* n'a failli à aucune de ses promesses, et elle va commencer sa troisième année accompagnée d'un succès qui ne saurait lui faire défaut sous l'habile direction d'un archéologue distingué, homme tout à la fois de religion et de science, M. l'abbé J. Corblet, et avec le concours d'une rédaction d'élite. — Aubry FOUCAULT.

(*Gazette de France*, janvier 1859.)

« La *Revue de l'Art chrétien*, dirigée par M. l'abbé Corblet, est destinée à l'étude de l'architecture et des arts du moyen-âge. Elle compte déjà un an d'existence et a publié un certain nombre de travaux intéressants parmi lesquels nous citerons plusieurs dissertations de M. l'abbé Corblet, deux articles sur les *Pavages en carreaux émaillés*, par MM. Schmidt et Decorde; une étude sur le *Christ triomphant*, par M. Grimouard de Saint-Laurent et une bibliographie des ouvrages qui paraissent sur l'archéologie, très-complète et très-soigneusement faite. » — Fr. LENORMANT.

(*Correspondant*, t. XLIVe, livraison du 25 juin 1858.)

« ..... Ce recueil ne peut manquer d'obtenir de brillants succès sous la direction d'un archéologue tel que M. l'abbé Corblet. La première livraison que nous avons sous les yeux fait augurer bien favorablement de cette entreprise, si digne d'être encouragée. »

(*Annales de l'Académie d'archéologie de Belgique*, t. XIVe, 1857, 1re livraison, p. 158.)

www.ingramcontent.com/pod-product-compliance
Lightning Source LLC
Chambersburg PA
CBHW060900050426
42453CB00011B/2045